edition suhrkamp 2620

Im Oktober 2009, drei Wochen, nachdem bekannt wurde, daß sie den Nobelpreis für Literatur erhalten würde, stellte sich Herta Müller in Leipzig den Fragen des Schriftstellers Michael Lentz. Im Gespräch entwickelt sie zentrale ästhetische und existentielle Aspekte ihrer Arbeit. Sie macht deutlich, daß Leben und Schreiben angesichts ihrer Erfahrungen mit dem rumänischen Geheimdienst nicht mehr unabhängig voneinander zu denken waren und sind. Die Genauigkeit ihrer Poesie war und ist für sie Selbstschutz. Vor diesem Hintergrund entwickelte sie ihre detailreiche Erinnerungskunst, ihre Generationen übergreifenden Herkunfts- und Heimaterforschungen, mit denen sie dem gesellschaftlichen Status quo auf den Grund geht.

Herta Müller, geboren 1953 in Nitzkydorf/Rumänien, lebt seit 1987 als Schriftstellerin in Berlin. Zuletzt veröffentlichte sie den Roman *Atemschaukel* (Hanser 2009) sowie den Essay *Cristina und ihre Attrappe oder Was (nicht) in den Akten der Securitate steht* (Wallstein 2009).

Michael Lentz, geboren 1964 in Düren, Autor, Musiker. Letzte Veröffentlichungen: *Pazifik Exil.* Roman, *Offene Unruh. 100 Liebesgedichte* (beide S. Fischer).

Herta Müller

Lebensangst und Worthunger

Im Gespräch mit Michael Lentz
Leipziger Poetikvorlesung
2009

Suhrkamp

Die Leipziger Poetikvorlesungen »Schreibweisen der Gegenwart« sind eine Gemeinschaftsveranstaltung des Deutschen Literaturinstituts Leipzig und der Kulturstiftung des Freistaates Sachsen.
In der *edition suhrkamp* erschienen bislang die Leipziger Poetikvorlesungen von Ingo Schulze (*Tausend Geschichten sind nicht genug*) und Uwe Tellkamp (*Die Sandwirtschaft*).

2. Auflage 2013

Erste Auflage 2010
edition suhrkamp 2620

Druck: Druckhaus Nomos, Sinzheim
Umschlag gestaltet nach einem Konzept
von Willy Fleckhaus: Rolf Staudt
Printed in Germany
ISBN 978-3-518-12620-2

Lebensangst und Worthunger

Michael Lentz: Liebe Herta, ich möchte mit einer ganz simplen, und darum so verstrickten Frage beginnen: Warum Schreiben?

Herta Müller: Diese Frage stellt man sich eigentlich nur, wenn man schon damit angefangen hat, und dann ist es zu spät. Ich glaube, es wird zu einer, ja es wird zu einer Art Wirklichkeit, zu einer Art, mit sich selbst zurechtzukommen. Es wird ein Schlüssel, der in die Tage hineinpaßt, und man hat sich an diesen Schlüssel gewöhnt. Die Tage kommen ja nacheinander auf einen zu, und wenn man sich darin nicht mehr anders helfen kann, nimmt man seinen Schlüssel wieder. Es wird zwar nicht viel dadurch geöffnet, aber man hat eine Beschäftigung. Und wie man ja weiß: Beschäftigungen fangen uns auf, Arbeiten gibt Halt. Überhaupt dann, wenn man sich, weil es sich so ergeben hat, diese Arbeit selber aussucht. Auch wenn das Leben nicht einfacher wird, weil das Schreiben einen bis über die Ohren in die Tiefe der Dinge drückt, klammert man sich ans Schreiben. Es wird mit der Zeit eine Art Selbstverständlichkeit. Vielleicht sogar die einzige, die man noch hat. Und es ist Privatheit, da schaut niemand hinein.

Hat Literatur für dich darüber hinaus eine Aufgabe?

Ich glaube, das ist schwer zu sagen. Aufgabe ist vielleicht ein zu starkes Wort. Sie hat einen Sinn. Eine Aufgabe ist etwas, was schon auf eine Wirkung zielt, auf etwas, was erreicht werden soll. Ich weiß nicht, ob sich das einlöst, wenn das Schreiben sich das von Anfang an vornimmt. Ich bezweifle das.

Die Allgegenwart der Verfolgung, wie sie in deinen Büchern zur Sprache kommt, ist auch Thema deiner jüngst erschienenen Schrift *Cristina und ihre Attrappe oder Was (nicht) in den Akten der Securitate steht*. Dort findet sich der Satz: »Das Atemholen im Lachen bei sich zu Hause im Zimmer wurde jedesmal, ohne daß man es ahnte, in der Verfolgungsakte als staatsfeindliche Aktion abgeheftet«. Entwickelt man da nicht einen Verfolgungswahn? Kann dem gegenüber das Schreiben von Büchern die Bedrohung lindern oder gar bannen?

Na ja, dort steht ja, »ohne, daß man es ahnte«. Also wir, Richard Wagner und ich, haben damals nicht damit gerechnet, daß wir Wanzen in der Wohnung haben. Wir konnten uns das gar nicht vorstellen. Erstens haben wir gedacht, daß wir zwar ihre Staatsfeinde, aber nicht so wichtig sind. Zweitens haben wir gedacht, Rumänien ist so ein bitterarmes Land, daß die Securitate sich Wanzen oder moderne Abhörinstrumente gar nicht leisten könne. Ich glaubte, die Securitate ist so ausgerüstet wie die Fabrik. Und die Fabrik war ein Schrotthaufen. Alles im Land war so ein Schrotthaufen. Daher haben wir gedacht, die Securitate ist ein Schrotthaufen, der alle anderen Schrotthaufen aushorcht. Daß sich die Securitate die modernsten Wanzen aus dem Westen besorgt, konnten wir uns nicht vorstellen. Daß sie ein Staat im Staat war, wußte ich schon. Wenn ich zum Verhör bestellt war, mußte ich durch einen Gang, und durch die Gangfenster habe ich im Innenhof ihre eigene, von allen Tankstellen der Stadt unabhängige Tankstelle gesehen. Es gab so eine große Benzinkrise im Land, man hat nur auf Sonderscheine Benzin gekriegt. Das ging sogar ins Surreale, führte zu absurden Realitäten: Ins Theater ging zum Beispiel niemand mehr. Denn das Theater, das Repertoire, war nur Parteiprogramm. Um die Theater zu füllen, hat man die Leute geködert, zur Theaterkarte gab es auch einen Benzintankschein. Ich weiß aus der Fabrik, daß die Leute dann massenweise Theaterkarten kauften. Ins Theater ist trotzdem niemand gegangen, aber alle schnellstens zur Tankstelle. Eine Tankstelle im Innenhof der Securitate, das schien mir schon ungeheuerlich, daß die sich nicht schämen und hier einfach Benzin haben, wann sie wollen. Um Tag und Nacht mobil zu sein und die Bevölkerung immer und überall zu verfolgen. Ich weiß nicht: Egal, wieviel man gesehen und gehört hat – auf irgendeine fatale Weise blieb man doch immer sehr naiv. Wir haben nicht damit gerechnet, daß wir abgehört werden, und gedacht, in der Wohnung ist man privat, da tobt man sich aus. Wenigstens da sagt man alles, was man denkt, und schimpft und klagt sich aus, macht sich Luft durch drastische, zynische Witze. Es gab oft Situationen bei Verhören, da wunderte man sich, wieso man das eine oder das andere gefragt wurde, was der Vernehmer gar nicht wissen konnte. Aber dann haben wir gedacht, die haben Richtmikrophone. Die stehen irgendwo ganz weit weg oder unten am Wohnblock und dirigieren ihre Geräte durch die Fensterscheibe mit irgendeiner Antenne. Und so hören sie hier und da, was wir zu Hause reden. Oder sie haben Hunde mit Mikrophonen am Halsband. Von dieser Methode hat man immer wieder gehört. So hat man sich Erklärungen gesucht für die Rätselhaftigkeit des Wissens. Na vielleicht lief ihr Hund in ausgetüftelter Nähe, als du mit Freunden spazieren warst, und das Hundemikrophon hat das Gesprochene aufgeschnappt. Aber wir hätten nie gedacht, daß alle Zimmer der Wohnung verwanzt sind, daß wir aufs Tonband der Securitate sprechen, wenn wir in unseren Zimmern sind.

Die in deinem jüngsten Roman, *Atemschaukel*, zur Sprache findenden Deportations- und Lagererfahrungen des 17jährigen Leopold Auberg münden in seine umfassende Heimatlosigkeit. Gleichzeitig bedeuten sie seine Initiation zum Schriftsteller: Leos Geschichte ist partiell die des Dichters Oskar Pastior, der wie Leo fünf Jahre im ukrainischen Lager Nowo-Gorlowka interniert war. Oskar Pastior hat einmal gesagt, ihm habe die Lagererfahrung die Sprache zerschlagen. Was haben die Bedrohungen der Securitate aus deiner Sprache gemacht?

Das ist schwer zu sagen. Ich glaube, das läßt sich wahrscheinlich nicht vergleichen. Trotz der vielen Unsicherheiten und auch Todesangst, die ich und nicht nur ich, sondern die ganze Gruppe von Freunden hatte, war das, glaube ich, noch mal etwas anderes als ein Arbeitslager. Auch war Oskar Pastior damals erst siebzehn Jahre alt – und Tag und Nacht eingesperrt, also auf einem geschlossen totalitären, militärisch bewachten Gelände, und dann auch noch in einem bis kurz vor dem Verhungern verelendeten körperlichen Zustand. Chronischer Hunger und dazu Schwerstarbeit bis zum Umfallen. Die Ausgemergelten haben jeden Tag den Tod gesehen, in den Schlafbaracken, im Lagerhof oder bei der Arbeit. Er kam überall, wenn der Körper ganz ausgeplündert war. Meine Ängste waren schlimm genug, um die Nerven durchzubeißen, um den Verstand zu verlieren. Aber ich war »nur« in einer verwanzten Wohnung, nicht in einem Lager. Ich kann nicht sagen, wie ich heute schreiben würde, wenn ich diese Jahre in Rumänien nicht gelebt hätte. Ob ich anders geschrieben hätte? Hat diese tagtägliche Angst oder diese Anspannung das Schreiben verändert? Ist der Widerwille gegen diese verfluchte ideologische Sprache, die ja das ganze Land eingesponnen hat, als Widerwille ins Schreiben gelangt? Wurde Genauigkeit notwendig, die Metapher, der Vergleich, um diesen Überdruß zu beschreiben? In bezug auf die Wirklichkeit der Tage war die Staatssprache doch in jedem Wort zynisch, eine Provokation im ganzen. Und die war ja überall, wie faule Luft. Die war in den Zeitungen, im Fernsehen, die war in jeder verlogenen Sitzung, die war bei den Vorgesetzten, in den Lehrbüchern, auf den Parteilosungen an den Wänden der Fabrikhallen, auf den sogenannten Ehrentafeln im Park. Überall, wo man hingeschaut hat. Davon hatte ich diesen Ekel. Nicht nur im Kopf, das zog sich einem in den Magen. Ja, so ein körperlicher Ekel, als würde man mit verdorbenem Essen gestopft. Dieser große Ekel und die kleine Ohnmacht, mit der man in ihm herumlaufen mußte, haben ganz bestimmt dazu geführt, daß man im persönlichen Sprechen auf das einzelne Wort schaut. Man hat aufgepaßt, daß die Gewalt und Lächerlichkeit dieser Sprache einem nicht auch noch in den eigenen Mund hineinrutscht. Daß sie einem nicht in den eigenen Kopf wächst. Daß man das nicht vielleicht irgendwann wiederkäut und gar nicht mehr merkt, wo man mit sich selbst gelandet ist. Es gab eine natürliche Abstoßung. Das war implizit. Aber ich glaube, das haben auch viele andere Leute gemacht, die nicht geschrieben haben. Das hätte man ja auch gemacht, wenn man nicht geschrieben hätte. Ich kann es also schwer beurteilen, wie das Gezerre der Tage in die Sätze gesickert ist. Welchen Weg die Imagination im Satz genommen hat und wie sie ohne Drangsalierung gewesen wäre. Aber die lange, immer in einem sitzende Angst verändert alles, wahrscheinlich auch die Dringlichkeit der Sprache, den Schnitt im Satz, also das, was man »Stil« nennen könnte. Der Alltag hat die Inhalte bestimmt, und die Inhalte enthalten doch den Stil. Sie suchen sich den Stil, den sie brauchen.

Ich glaube, Überdruß am Staat und Todesangst machen ganz andere Sätze als Gleichgültigkeit und Gewöhnlichkeiten. Darum nimmt einem das Schreiben ja auch die Angst, darum gibt es Halt – einen imaginären Halt, keinen wirklichen. Halt nach innen, nicht nach außen. Aber der Halt nach innen behütet nach innen. Und das ist sehr viel. Nach außen hin bleibt man so ausgeliefert, wie man ist – das weiß man, weil es sich immer wieder zeigt. Also mir hat es die Sprache und die Existenz täglich geschüttelt – aber Oskar Pastior hat es die Sprache und Existenz täglich zerbrochen. Ich lebte in der entgleisten Normalität eines Regimes, das von Feinden besessen war, immer mehr Menschen zu Staatsfeinden deklarierte, um seine Repressionsapparate zu mästen. Dieser Staat hat sich, wenn man sich heute rückblickend ein Bild macht, doch ausschließlich über Repression definiert. Er hatte keine anderen Inhalte als die Kontrolle seiner Bevölkerung durch eine Heerschar von hauptamtlichen Funktionären und Repräsentanten und deren noch größere, schier unübersehbare Schar von nebenamtlichen Profiteuren oder Angstbeißern. Es ging diesem Regime doch nur ums Befehlen und

Gehorchen. Aber man war dennoch im Alltag einer Stadt, eines Berufs, eines Hauses. Man hatte seine Familie und selbstgesuchte Freunde. Aber im Arbeitslager, da war Oskar Pastior am Ende der Welt, die Angehörigen wußten nicht, wo er ist und ob er noch lebt. Er wußte es genausowenig von ihnen. Die Lagerleute waren keine selbstausgesuchten Freunde, sondern im Zufall zusammengesperrte Leute, es gab nichts Privates, man wurde sogar im Schlafen von einem gelben Dienstlicht bewacht wie in einer Zelle. Um die Pritsche war ein Militärzaun mit schießenden Wachposten, abgerichteten Hunden. In der Baracke kämpfte jeder mit der totalen körperlichen und moralischen Verwahrlosung. Das Elend schien endlos, man ließ die Deportierten im Glauben, daß sie nie wieder nach Hause dürfen. Schon der erste Lagertag, die Ankunft, war ein Davongekommensein, denn auf dem wochenlangen Transport sind schon die ersten gestorben. Die Dressur beim allerersten stundenlangen Appell zeigte schon das ganze Ausmaß. Man kriegte eine Nummer, seine Kolonnen- und seine Personennummer, und hatte damit seine Person abgegeben. Man war nichts anderes mehr als ein Arbeitstier mit dieser Nummer. Bei mir war das eine dauernde, immer weiter gehende, wenn auch immer weiter ins Schreckliche gehende Belastung. Ein wankender Schrecken, mal groß, mal klein, dazwischen waren Pausen zum Atemholen. Auch schon darin liegt ein Unterschied: in wieviel Zeit einem etwas geschieht und ob es direkt mit ganzer Wucht anfängt oder allmählich drastisch wird. Ob man sich von einem Malheur zum anderen hangeln kann, oder ob es keinerlei Unterbrechung gibt. Bei Oskar Pastior war ja schon der allererste Tag im Lager ein Sturz aus jeder Zivilisation, ein Schlag auf den Schädel: aus der Welt hinaus, hinter das Ende der Welt. Da läuft der Riß dann nicht mehr um einen herum, sondern mitten durch die Person.

Während *Atemschaukel* eine fiktionale Autobiographie ist, die von Leopold Auberg, beschreibst du in *Cristina und ihre Attrappe* auch deine eigene Initiation: Du schreibst über deine dreijährige Arbeit als Übersetzerin in einer Traktorenfabrik im Anschluß an dein Studium der Philologie. Während dieser Zeit unternimmt die Securitate mehrere Anwerbungsversuche, du weigerst dich, widerstehst. Dann schreibst du *Niederungen*. Waren dieser Erzählband und die folgenden Bücher für dich auch der Versuch, dem Staat und seiner tief ins Private greifenden Geheimdienstorganisation die Realitätshoheit durch die poetische Erfindung von Wahrnehmung zu entreißen? Der imaginäre Raum, der Raum der Imagination – auch des Lesers – als das nicht mehr Verfügbare?

Was weiß ich, das war gar kein Versuch. Also, ich hatte nicht die Zeit oder die Klarheit, mir das im Kopf so zu formulieren. Das war instinktiv, die blanke Notwendigkeit, diesem Scheißleben etwas entgegenzusetzen, mit mir selbst etwas Eigenes zu machen, das mir der Staat nicht wegnehmen kann, weil es fiktional ist. Wo er nicht rankommt, wenn er mich schikaniert. Etwas, das in seinen Zwängen nicht absäuft, weil er mit seinem Apparat nicht nur nicht dorthin reicht, sondern gar nicht weiß, daß es existiert. Weil es nicht als anfaßbarer Gegenstand existiert. Das war damals eine, meine Privatheit, eine Selbstvergewisserung, daß nicht ich verrückt bin, nicht meine Freunde, sondern dieses System. Es kam natürlich mehreres zusammen und es haben sich Dinge gestapelt, es sind mir Dinge und Ängste über den Kopf gewachsen. Mein Vater war damals gestorben, das war ein Einschnitt für mich – plötzlich hab ich wissen wollen, woher ich komme. Dieses abgeschottete banat-schwäbische Kaff, ein sehr abgelegenes Dorf. Dann dieses unendliche kalte Schweigen in diesem Dorf. Bauern reden ja nicht viel. Dann diese ganzen Erstarrungen, dieses 300 Jahre unveränderte Immerweiterso, dieser Egozentrismus, dieser kleine Haufen, der wir angeblich sind, und diese ständige Angst vor dem Assimiliertwerden. Die Verachtung der Stadt. Das war das eine. Und dann hab ich in der Fabrik die müden Arbeiter in den Hallen gesehen, die verfluchten Fließbänder, den Maschinenschrott, die glatten, faulen Funktionäre der Partei und Gewerkschaft, ihre Arroganz und Dummheit in den Sitzungen, die ja nichts anderes waren, als Angstdressur der Arbeiter. Ihre Heuchelei im Nachbeten des ideologischen Sprachmülls und ihre Authentizität in den persönlichen Attacken gegen die Arbeiter, ihre Genugtuung im Erfinden von Schuld und Entwürdigen – das war nicht auszuhalten. Und an den Wänden von den unteren Hallen bis in die obersten Ecken der Fabrik, bis unter die Dachrinne diese dreisten Parteilosungen von Glück und Fortschritt und Solidarität. Das allein, also die Augen im Kopf, hätten mir schon gereicht, aber dazu kamen die perfiden Schikanen des Geheimdienstes nach der Ablehnung seiner Anwerbeversuche. Man wollte mich aus der Fabrik hinausekeln, und es hat nicht geklappt, weil ich mich stur stellte und hart wie ein Stück Holz. Es war die Strafe, weil ich mich nicht mit dem Geheimdienst eingelassen hatte. Jeden Morgen wurde ich schon am Tor vom Pförtner zum Fabrikdirektor geschickt, und der hat immer die gleiche Frage gestellt: »Hast du schon eine Arbeit gefunden?« Und ich hab immer gesagt: »Ich hab keine gesucht, mir gefällt es hier, ich möchte bis zur Rente bleiben.« Da ist er natürlich an die Decke gegangen. Und ich wäre am liebsten jede Sekunde aus dieser Fabrik verschwunden, tausendmal am Tag auf Nimmerwiedersehn weggerannt, aber ich habe ihm diesen Satz jedes Mal gesagt. Und erst nach dieser morgendlichen Begegnung mit seiner Hysterie und meiner scheinbaren Gelassenheit ging ich in mein Büro. Da war ich im Schädel fix und fertig und ließ mir auch im Büro nichts anmerken. Und dann kam ich eines Morgens in die Fabrik, und da war mein Büro besetzt. An meinem Schreibtisch saß ein Ingenieur, und meine Wörterbücher lagen auf dem Gang draußen. Ich hatte kein Büro und durfte jetzt erst recht nicht nach Hause gehen, denn man hätte mich wegen unentschuldigten Fehlens entlassen können. Und ich durfte denen keine Gründe oder Vorwände liefern. Ich mußte ja jetzt besonders darauf achten, daß sie absolut keinen Grund finden. Wenn, dann müssen sie mich entlassen, weil ich nicht für den Geheimdienst arbeite. Und darauf habe ich immer bestanden und dem Direktor immer gesagt: Wenn Sie mich entlassen, muß auf Ihrer Entlassung draufstehen, warum ich entlassen werde. Ja, und dann saß ich auf der Treppe. Dann ein paar Tage bei einer Freundin am Schreibtisch – die hat mir eine Ecke freigemacht – und dann durfte die mich nicht mehr in ihr Büro lassen. Und dann wurde aber in der Fabrik verbreitet, daß ich für den Geheimdienst spitzel. Das war das Schlimmste, diese Verleumdung. Wahrscheinlich wurden alle Spitzel beauftragt, diese Verleumdung zu verbreiten. Damit war der Punkt erreicht, wo ich dachte: Jetzt werde ich wahnsinnig. Ich war monströs umzingelt, und es gab nichts und niemanden, der mir die Wahrheit geglaubt hätte. Also das war der Punkt, wo ich wirklich am Ende war, weil man mich für das hält, was ich verweigere, weil ich es verweigere. Und ich konnte ja nicht Hunderten Leuten in einer Fabrik erklären, was ist. Und was wirklich gelaufen war, das wußten drei, vier Leute. Und auf dieser Treppe sitzen, das war natürlich fast nicht zu ertragen. Und da bin ich tagelang geblieben. Vielleicht waren es Wochen, ich habe Maschinenbeschreibungen übersetzt auf der Treppe und habe so getan, als wär das normal. Und die Büroleute gingen an mir vorbei und taten auch, als wär das normal. Niemand hat mich nach dem Grund gefragt. Diese Einsamkeit war wie ein Fluch. Und in der Situation habe ich, statt zu übersetzen, angefangen über dieses Dorf und diese Eltern zu schreiben. Vielleicht gerade jetzt das Dorf, um mich in diesem Käfig der Verleumdungen mit etwas anderem zu beschäftigen. Aber alles hatte mit allem zu tun, auch dieses Dorf war ein Stück vom Staat. Es war eine Art von Eskapismus, in dem ich einem banat-schwäbischen Dorf nachspürte. Aber diese Ablenkung stach nur in ein anderes verworrenes Nest, in dem die Welt verknäult war durch die eigene sogenannte Tradition und stehengebliebene Zeit. Das Dorf wurde, je länger und tiefer ich mit dem Kopf in die Kindheit stieg, zu einer Kiste mit Bewohnern, die sich nicht aus den Augen lassen – und nicht ertragen können.

Vielleicht gibt es aber doch noch eine tiefergreifende Wechselwirkung. In deinem Essay *Der fremde Blick oder das Leben ist ein Furz in der Laterne* schreibst du: »Im überwachten Staat verlangt jede Situation des Verfolgten ihre Registratur. Diese muß so genau sein wie die Beobachtung und Registratur des Staates«: Resultiert deine Sprache in ihrer Prägnanz, ihrer reichen Kargheit aus den Repressalien des rumänischen Überwachungsstaates? Schaut man, solchermaßen verfolgt und bedroht, genauer hin? Ist Schreiben für dich Schauen?

Na ja, vielleicht als Reaktion, ja. Ich hab dann halt auch mein Registrierbüro aufgemacht. Gegen das, was es überall um mich herum gegeben hat. Wahrscheinlich war die Selbstvergewisserung der beste Selbstschutz. Ich glaube, Genauigkeit ist Selbstschutz. Man schützt sich, indem man sich soviel wie möglich bewußtmacht. Dadurch wird man eingekleidet in Beobachtung, auch in Selbstbeobachtung. Ich habe die Genauigkeit als Reaktion auf Gefahr und sogar auf Gefährdung empfunden. Ich spürte an mir, daß ich gefährdet bin, daß ich aufgefressen werde von dem, was mich umgibt, wenn ich mich nicht unablässig einordne, sortiere, über Absichten und Mechanismen des Apparats nachdenke. Auch über meine eigenen Reaktionen auf die Zerstörungstaktik. Und das alles verlangte Genauigkeit, der Schädel mußte die Tatsachen in ihrer Folge einfädeln. Das mußte ich lernen, um mich nicht selbst zu verlieren.

»Alles lebt. Es gibt nichts Totes«, schreibt der Dichter Uwe Dick. In deiner Prosa wimmelt es geradezu von Dingen; Dingen, die ein Eigenleben führen, die – wie zum Beispiel in *Herztier* der Maulbeerbaum – als Symbole, auch der unwillkürlichen Herkunftverbundenheit, überallhin mitgenommen werden, bei jedem Umzug. Oder die stumme Zeugen sind und als einzige für Kontinuität stehen – wie in *Atemschaukel* ein Grammophonkistchen, das Leo als Koffer dient, in den er sein Hab und Gut für das Lager verstaut. Als Leo aus dem Lager nach Hause zurückkehrt, kommt das Grammophonkistchen wieder an seinen alten Platz – als wäre nichts gewesen.

In dem autobiographischen Aufsatz *In jeder Sprache sitzen andere Augen* schreibst du diesbezüglich: »Immer waren mir die Gegenstände wichtig. Ihr Aussehen gehörte zum Bild der Menschen, die sie besaßen, wie die Menschen selbst. Sie gehören immer zu dem, was und wie ein Mensch war, untrennbar dazu. Sie sind der äußerste von der Haut weggeschobene Teil der Personen«.

Ist das ein Materialismus der Verzweiflung, eine Hoffnung der Trauer, in den hinterbliebenen Dingen den Menschen bewahrt zu sehen?

Es sind ja nicht nur die Gegenstände von Toten. Es sind ja auch die Gegenstände der Lebenden. Ich glaube, das kennzeichnet uns doch alle. Wir definieren uns über Gegenstände. Wenn wir sie in unserer Selbstverständlichkeit haben und niemand sie in Frage stellt, merken wir das womöglich gar nicht, weil: Wir haben sie ja, und sie stellen sich uns zur Verfügung. Wir wählen sie ja auch aus. Wir entscheiden uns für etwas und gegen etwas bei jeder einfachen Sache. Diese Entscheidung selbst zeigt ja auch schon etwas, was uns ausmacht. Gegenstände sind unsere ins äußere Material gestellten Eigenschaften. Auch wenn wir andere Menschen beurteilen, die wir zum ersten Mal sehen, taxieren wir doch vom Scheitel bis zur Sohle: Was haben die an? Was steht in der Wohnung? Und wir taxieren um so genauer, je mehr wir uns ein genaues Bild machen wollen. Kleidung und Wohnung sind ein Bild von uns selbst. Auch andere Sachen, Gebrauchsgegenstände unterwegs, Autos oder Hunde. Auch Orte, an denen sich eine Person durch eigene Entscheidung befindet. Ich glaube, auch Orte sind die Verlängerung des Menschen. Und Orte spielen mit, bei allem, was Menschen tun. Orte und Gegenstände stehen nicht nur herum, sie sind ein Teil der Handlung. Sie befinden sich zwischen uns und mischen sich auch in die Sache ein. Wir reagieren auf sie. Wenn sie uns stören und wenn sie uns gefallen. Und selbst wenn wir sie gar nicht extra wahrnehmen, sind sie doch in unserem Blick vorhanden. Wenn wir dieses Gespräch jetzt hier in einem Park führen würden, nicht in einem Saal, wäre es ein anderes. Und in einer Buchhandlung wäre es wieder ein anderes. Ich glaube, daß die Orte genausoviel dazutun wie wir selbst. Daß wir von diesen Orten beeinflußt werden, während wir etwas tun. Von Gegenständen und Orten gleichermaßen. Orte sind auch Gegenstände. Auch ein Raum ist ein Gegenstand, auch die Leere. Sogar der nackte Himmel ist hoch oder tief, einfarbig oder gemustert mit Wolken, starr oder mobil – also ein Gegenstand.

Und gerade im Lager, in einem Arbeitslager, zeigt es sich unerträglich stark, wie sehr Gegenstände Menschen definieren. Gar keinen Gegenstand besitzen: Dadurch ist man sich fast von selbst weggenommen. Jenseits des Lagerdrills und der Verwahrlosung in dieser militarisierten Welt, in der Arbeitsuniform, die dem Lager gehört, mit Werkzeugen, die dem Lager gehören, so wie der Blechnapf und der Löffel, das Kopfkissen. Ohne private Gegenstände und Rückzugsmöglichkeit ist man nicht nur ein Ich-habe-nichts, sondern ein Ich-bin-nichts. Rückzug aus der Menge war jedoch unmöglich. Es klingt schrecklich, aber auch Alleinseinkönnen ist Privateigentum. Einsamkeit entsteht um so mehr, wenn man die anderen nie verlassen kann. Ist Einsamkeit Eigentum? Wenn ja, dann aufgezwungenes Eigentum, also Last. Und jeder Besitz, den die Internierten hatten, war aufgezwungenes Eigentum. Und daher nichts, wodurch man sich als Einzelner definieren konnte. Einsamkeit war doch nur die aufgezwungene Zeit, Lagerzeit, die man hatte, weil sie einen heimsuchte. Einsamkeit diente dem Lager als Zeit, sich selbst als Einzelner in Frage zu stellen. Disziplinierung durch die Zurücknahme jedes eigenen Wunsches und Willens. Das habe ich aus den Gesprächen mit Oskar Pastior schließen müssen, auch wenn er es nie explizit gesagt hat: Lagerwerkzeug und Lagerzeit und Lagermenschen in derselben Misere werden einem aufgezwungen, als wären sie einem anvertraut worden. Diese entsetzliche Täuschung. Man ist für dieses Lagerzeug verantwortlich, und wenn es vor der vorgeschriebenen Zeit versagt, verlorengeht oder gestohlen wird, wird man als Saboteur bestraft. Und man fühlt sich für das Grassieren des Todes unter den Lagermenschen verantwortlich, auch wenn man niemandem, nicht mal sich selbst, helfen kann.

Die Perfidie der Enteignungsstrategien, die du in deinen Romanen und Essays beschreibst, kann auch den Leser sprachlos machen. In dem Aufsatz mit dem bezeichnenden, aus dem Roman *Herztier* stammenden Titel *Wenn wir schweigen, werden wir unangenehm – wenn wir reden, werden wir lächerlich* steht zu lesen: »Wie so vieles andere, hat der Geheimdienst einige Tage nach dem Üben mit den Steinen am Flußufer mir den Wunsch, mich durch Ertränken zu entziehen, konfisziert«. Was ist dieser psychophysischen Allmacht des Geheimdienstes dann noch entgegenzusetzen?

Also, daß er mir das konfisziert hat, war ja nicht so schlecht im nachhinein. Denn ich wollte ja gar nicht tot sein. Ich konnte nur das Leben nicht mehr aushalten. Und ab dem Moment, wo man sich den Suizid als Ausweg durch den Kopf gehen läßt, aber dann beim Verhör bedroht wird: »Wir stecken dich ins Wasser« oder »Es gibt auch Verkehrsunfälle« – ab dem Moment denkt man: Moment mal, ich tu ja genau das, was die sich wünschen. Ich mache deren Drecksarbeit. Wenn ich schon aus dem Weg geräumt werden soll, dann sollen die das gefälligst selbst tun. Ich werde das doch nicht für sie erledigen, das wäre ja ihre größte Genugtuung. Also wenn einem der Suizidgedanke zur Genugtuung des Geheimdienstes umgestülpt wird, dann wird er einem innerlich schleunigst und total verboten. In solch einer Situation verschieben sich alle Wünsche, Zwekke, Ziele und Werte. Ich war mit meinem Wunsch plötzlich in einem anderen Zusammenhang, und in dem staatlichen Zusammenhang, in dem ich gelandet war, konnte ich das nicht mehr tun. Suizid wäre damals ja schon fast so gewesen, als hätte ich mich mit meinem ganzen Körper, mit meinem ganzen bisherigen Leben angeboten. Damit hätte ich den Wunsch der Securitate radikaler erfüllt, als durch eine Mitarbeit. Ich wurde lebenshungrig, gespenstisch erpicht aufs Leben, und sei es noch so kompliziert. Ja, der Geheimdienst, nachdem er mich zu dem Wunsch getrieben hatte, allem ein Ende zu machen, hat er mir auch den Wunsch, allem ein Ende zu machen, konfisziert. Ich wollte leben, wurde süchtig nach Leben, gerade weil man es mir nicht gönnte. Leider sind bei anderen Personen, auch Freunden, diese Dinge anders gelaufen. Sie haben sich, weil sie nicht mehr weiter wußten, umgebracht. Die Todesdrohungen zerrten sie in den Suizid. Dieselben Einzelheiten machen bei jeder anderen Person etwas anderes. Jeder Mensch verzweifelt anders, hat auch eine andere Beziehung zu sich selbst und zum Tod. Die Angst davor und der Wunsch danach sind Gegensätze. Wenn alles ausweglos ist, werden es gleiche Gewichte auf der Waage. Wenn man jedoch nervlich kaputt ist, kippt die Waage: Die Angst vor dem Leben reißt den Wunsch zu leben an sich. Vielleicht war ich noch nicht soweit, hatte noch einen intakten Rest, den andere nicht mehr hatten. Ich war mit mir noch nicht so spät dran wie andere. Vielleicht habe ich mehr ausgehalten als sie, weil mir mehr passiert war als ihnen. Seelische Zerrüttung bleibt für Außenstehende ein dunkles Rätsel, auch wenn man die andere Person ganz nah bei sich wähnt. Womöglich hat der Zerrüttungsplan, den sie auf mich zugeschnitten hatten, in meinem Fall nicht so zügig und scharf funktioniert wie bei anderen. Man wird es nie beantworten können. Es wird unheimlich, wenn man sich diese Fragen stellt. Ich stelle sie mir oft – unausweichlich. Denn man hätte ja die, die es nicht überlebt haben, schützen können wollen. Wie, weiß ich nicht. Freundschaft und Vertrauen haben dafür nicht gereicht. Alle Nähe war diesem Angriff nicht gewachsen. Sicher frage ich mich, ob es etwas gegeben hätte, das gereicht hätte, wenn ich gewußt hätte, was es ist. Da bleiben mir alle Antworten leider für immer im Konjunktiv der verschwundenen Zeit.

Der Essay *In jeder Sprache sitzen andere Augen* beginnt so: »In der Dorfsprache – so schien es mir als Kind – lagen bei allen Leuten um mich herum die Worte direkt auf den Dingen, die sie bezeichneten. Die Dinge hießen genauso, wie sie waren, und sie waren genauso, wie sie hießen. Ein für immer geschlossenes Einverständnis.« Das Einfache ist das Schwere. Die Sprache deiner Bücher hat sich eine gewisse Naivität bewahrt und ist bei aller Anschaulichkeit doch gleichzeitig eine Sprache der äußersten Präzision. Besteht da nicht ein Widerspruch?

Na und? Widersprüche sind doch gut. Nein, aber Naivität und Präzision sind gar kein Widerspruch. Ich glaube, Naivität ist nicht ungenau, sondern instinktiv präzise. Oft schaffen wir instinktiv, aus dem Stegreif eine genauere Analyse als durchs Gedankenwälzen im Kopf. Oft sind Menschen gerade durch ihre Ahnungslosigkeit gefühlsklug. Naivität macht einen leichten Sprung in die Probleme, sie ist spontan und trifft präzise, weil sie ahnungslos trifft. Mir scheint, das Genaue ist immer einfach. Oder das Einfache neigt zur Genauigkeit. Und wir brauchen in jeder Analyse zuerst einmal das genaue Einfache. Denn damit haben wir etwas in der Hand, das durch die Maschen der Komplikationen schlüpfen kann. Gerade ganz einfache Leute sind oft präzise, weil sie es ahnungslos sind. Die sagen Sätze, die sind kurz und überdeutlich. Aber weil sie überdeutlich sind, bleiben sie nicht eindimensional. Sie springen aus ihrem eigenen Inhalt ins Allgemeine, wenn man zuhört. Wenn man als Unbeteiligter zuhört, noch mehr. Sie werden einem durch ihre präzise Einfachheit zur Parabel. Ich bewundere das immer. Es gibt nichts Schöneres als Kürzestsätze in Gesprächen, Minimaldialoge. Da ist so viel drin. Also einfach und präzise ist kein Widerspruch. Es ist wahrscheinlich kein Widerspruch, und wenn es einer ist, dann macht es nichts.

Kannst du bitte, sofern es dir möglich ist, dein Schreibverfahren erläutern, das ich als ein metamorphotisches verstehe, das die Gestaltgrenzen der Dinge aufweicht, die sich, je nach Situation und Wahrnehmung, verwandeln, anverwandeln – und die Grenze zwischen Realität und Tagtraum verschwimmen lassen?

Ich glaube, das machen die Wörter selbst. Das macht der Wortklang. Oder der Worthunger. Also, daß die Wörter, man sagt ja »Worte«, aber mir gefällt »Wörter« viel besser, also daß die Wörter, wenn sie zueinander in eine bestimmte Beziehung getreten sind in einem Text, daß sie dann »einfach« – hier haben wir es wieder – noch etwas anderes suchen und daß Präzisieren und Verschwimmen dasselbe wird. Das ergibt sich so beim Schreiben. Und das Innenleben des Textes, seine eigenen Gesetze bauen sich innerhalb der Sätze. Die Satzlogik entsteht ja aus diesen »richtigen« Wörtern, die falschen verweigern dem Satz durch den Wortklang den Rhythmus. Ich lese mir jeden Satz x-mal laut vor, und ich sehe ihn im Kopf. Wenn mich beim Hören und Sehen nichts mehr daran stört, dann ist er soweit in

Ordnung, daß ich ihn nicht verbessern kann. Dann muß er so bleiben. Erst dann führt er zu einem anderen Satz, der Wortklang ist sein Faden. Der Faden führt weiter. Mehr kann ich dazu nicht sagen.

Und das würde auch Sätze betreffen wie den folgenden aus *Herztier*: »Jedem sticht die Leiche des Diktators wie das eigene verdorbene Leben durch die Stirn.« Das ist ja was ungemein Verdinglichtes, fast Plastisches dann.

Für mich ist das ein ganz einfacher Satz. So war das. Ich habe den Eindruck, es wird oft unsinnig interpretiert, mehr hineingelesen, als sein müßte. Es ist für mich selbst viel einfacher. Für mich ist die Realität etwas viel Weitergehendes, als andere meinen. Wie weit reicht denn das Reale, und wo und wann fängt das Surreale an? Es fängt jedenfalls nicht außerhalb des Realen an, nicht hinter oder unter ihm. Das Surreale sitzt doch immer in der Realität drin. Es ist nichts Draufgesetztes oder Hineingeschobenes, sondern etwas Drinsteckendes. Viele bilden sich ein, man gehe mit dem Surrealen ins Höhere über oder ins Tiefere unter die Realität. Ich gehe einfach ins Innere, um das Surreale zu finden. Der Satz mit der Leiche des Diktators, die jedem durch die Stirn ins eigene verdorbene Leben sticht, ist für mich ein ganz einfacher Realitätssatz. Der Diktator, der Personenkult um einen übermächtigen Analphabeten, der, nachdem er das Land ruiniert hatte, jeden Tag durch neue Reden Ratschläge zum Überleben erteilte, war widerwärtig. Ratschläge zur Haltung der Bienenvölker auf dem Balkon des Wohnblocks, zur Distanz zwischen den einzelnen Maisstengeln im Feld, zur Kleidung in den ungeheizten Wohnungen – das war jahrelang für jeden normaldenkenden Menschen eine Beleidigung seines Verstandes. Wer also hat sich nicht jeden Morgen beim Aufwachen gewünscht, daß Ceaușescu endlich tot ist. Der Wunsch zirkulierte durch die vielen Gerüchte über seine immer anderen Krankheiten. Jeder hat sich an diesen Gerüchten beteiligt, sie mit großer Genugtuung weitergegeben. Es gab auch solche Witze wie: Frage an Radio Eriwan – der Name wurde ja nicht gesagt –, Frage an Radio Eriwan: »Stirbt man an Halskrebs?« Antwort: »Im Prinzip ja, aber er hat keinen.« Auch ohne den Namen wußte jeder, von wem die Rede ist. Das Sterben des Diktators hat wirklich jeden Menschen beschäftigt.

Es gibt einen wunderbaren, hoffnungmachenden und trotzdem so rätselhaften Satz, den ich dich bitten würde zu erläutern. Der Satz lautet: »Die Tatsachen hätten, als sie geschahen, die Wörter, mit denen man sie später aufschreibt, gar nicht ertragen.«

Ja. Ich weiß ja nicht, wie es den anderen Leuten geht, aber ich habe im Erleben, in schlimmen, in angstmachenden Situationen überhaupt nicht in Wörtern reagiert oder gedacht. Es gab nur instinktives Verhalten, und alles andere war abgeschaltet, weil die Angst so groß war. Das hat mich jedes Mal ganz in Anspruch genommen, ich steckte nicht nur bis über die Ohren, sondern bis über die Haarspitzen drin. Es ging ums instinktive Handeln, es mußte sofort geschehen, also um das UNBEDINGT JETZT. Da hat man keine Zeit für Wörter, und die, die man gebrauchen muß, kommen von selbst und sind nicht Schreibsprache, sondern Mitteilung. Beim Verhör im Schlagabtausch.

Sprache außerhalb der Mitteilung ist ein anderes Metier, ein von der Lebensnot weit entferntes Gelände. Formulieren, das kommt erst danach. Wenn ich damals im Geschehen angefangen hätte, über Wörter nachzudenken, wäre das fatal gewesen, ich hätte das Handeln, das UNBEDINGT JETZT blockiert. Auch mein Denken, was ich jetzt aus dieser Situation zu machen habe, hätte ich mit Wörtern blockiert. Ich hatte nichts als nackten Schlagabtausch, stundenlang. Das war höchstens die kürzeste Verwendung von Wörtern, man mußte immer austarieren: Was weiß der jetzt? Was antwortest du? Antwort immer kurz, das war die Grundregel. Nie mehr sagen, als man muß, als er vielleicht weiß. Er soll lieber noch dreimal fragen. Nicht durch eine Antwort etwas aufmachen, was er noch gar nicht weiß, oder eine andere Frage verursachen, die er vielleicht gar nicht stellen würde, wenn du jetzt strikt knapp geblieben wärst. Darum ging es, aber nicht um Schreibsprache, sondern um das Retten der Haut, Schutzsprache. Das Leben selbst braucht keine fiktionale Sprache, sondern die praktische Mitteilung. Die soll nicht schön sein, sondern helfen. In die Gesetze der Fiktion gerät man erst im nachhinein, weil das Erlebte im Kopf gespeichert ist und wuselt. Erst im Danach hab ich Zeit und Luft, mich dem Realen imaginär zu stellen. Im Schreiben ist keine direkte Realität. Eins zu eins – Tatsache und Satz, das wird nichts. Die Erinnerung ist ein abstrakter Spiegel im Kopf, und der Wunsch, es zu sagen, erzwingt ein ganz neues Erleben durch die Sprache. Da stehen im Schreiben zwei Künstlichkeiten voreinander und schauen sich an.

Deine Texte speisen sich aus mehreren Sprachen, zumindest dem Deutschen und dem Rumänischen, das du ja regelrecht erlernen mußtest, wie du in dem Essay *In jeder Sprache sitzen anderen Augen* beschrieben hast. Dieser Hybrid, diese Sprache des Dazwischen, ist neben der Syntaxordnung deiner Sätze eine großartige Besonderheit deiner Prosa. Deutsch ist deine Muttersprache. Reflektierst du beim Schreiben stark über die unterschiedlichen Eigentümlichkeiten des Deutschen und des Rumänischen?

Nein, es ist ja kein Reflektieren, sondern ich habe ja, sagen wir, die letzten fünfzehn Jahre in

Rumänien schon so gut Rumänisch gesprochen, daß die Sprache wie eine zweite Sprache war. Eine zweite hinzugekommene Sprache. Ich habe das Rumänische genauso wie das Deutsche parat gehabt. Und dadurch habe ich auch zwei Stationen von allen Dingen im Kopf parat gehabt. Das waren zwei Gleise. Wenn ich rumänisch war, war ich rumänisch. Ich war nicht deutsch auf rumänisch, und ich war nicht rumänisch auf deutsch. Sondern ich war entweder das oder das, je nach der Situation, in der ich mich befand. Und dadurch sind, glaube ich, auch Sprachbilder, Redewendungen, auch die Metaphorik und das ganze Gewebe der rumänischen Sprache genauso im Kopf vorhanden wie im Deutschen. Und wenn ich schreibe, schleichen sich innere Präferenzen ein, die ich gar nicht von außen deuten kann. Mal drängt sich das eine vor, mal das andere. Oder sie geraten durcheinander, und sie wissen selber nicht voneinander, woher sie jetzt kommen. Der Text nimmt sich das, was er braucht. So ungefähr funktioniert das wahrscheinlich.

Ohne das Rumänische – du hast einmal von seinen schonungsloseren Bildern und seiner Waghalsigkeit, »ohne Trost poetisch zu werden«, gesprochen – sind zumindest manche Titel deiner Bücher ja auch nicht zu denken. Diese Titel deiner Romane und Erzählungen sind oftmals verblüffende Wendungen, bei denen man denken könnte, da sei in der deutschen Formulierung leicht, ganz leicht was verrutscht.

Ja, aber es kommt auch aus dem k.u.k.-Deutsch. Die Gegenden der Rumäniendeutschen, Siebenbürgen und das Banat (auch die Bukowina), hatten doch bis nach dem Ersten Weltkrieg mit Rumänien nichts zu tun. Sie gehörten zu Österreich-Ungarn. Das dort gesprochene Deutsch ist Österreichisch, Haslinger wird sich freuen. Es ist in der Wortfolge ein ganz anderes Deutsch, mehr noch als in Österreich. Diese Deutschen waren Hunderte Jahre eine Randbevölkerung des Imperiums. Ihre Sprache hat einen anderen Satzbau, der ist langsamer, wie gebremst von der Entfernung zum Zentrum. Da war ein anderer Lebensrhythmus, und der hat intuitiv die Sätze anders gebaut. Als ich mit Oskar Pastior zusammengearbeitet habe, mußte ich ihm das Formulierte immer laut aus dem Notizheft vorlesen. Da hat er einmal gesagt: »Ich glaube, bei uns stimmt kein Satz. Aber es ist schön.« Es gibt auch Leute, die an der hiesig-deutschen genormten Grammatik hängen, die haben mir schon gesagt, bei mir stimmen die Sätze nicht. Ich muß sie so machen, für mich sind sie so richtig, und sie verlangen sich so.

Oskar Pastior hat auch einmal geschrieben: »Hölderlin ist eine schöne, dem Deutschen verwandte Sprache.« – Es gibt sehr viele wunderbare Gedichte und Volkslieder, zumindest anzitiert, rumänische Volkslieder, in deinen Büchern. In *Herztier* zitierst du, ins Deutsche übertragen, ein Lied der Temeswarer Gruppe *Phoenix*: »Gelber Kanarienvogel.« Kannst du es auswendig?

Ja, das kann ich:

Canarul galben
ca un gălbenuș
cu pene moi
si ochii duși …

Auf deutsch:

»Kanarienvogel gelb
wie der Eidotter
Mit weichen Federn
Und verdrehten Augen …«

Ist die Übersetzung von dir selbst?

Das ist meine Übersetzung, aber die ist nicht besonders gut, weil die Sprachen so verschieden sind. Also »gălbenuş« klingt weich, »Eidotter« klingt schon so sperrig, da kann man nichts machen. Das Bild bleibt noch immer schön, weil der Text so großartig ist. Aber das »ochii duşi« kann man noch schwerer übersetzen, gar nicht. »Duşi« kann »abwesender« Blick, »weggetretene« Augen heißen, vielleicht auch »gar nicht mehr vorhandene« Augen, vielleicht auch »gestorbene«. In dem Wort ist so viel drin, und da muß man sich im Deutschen für eine Nuance entscheiden, und auf alle anderen verzichten. Der Text ist pure Lyrik, und die Musik dazu wie geflüstert traurig. Das war ein sehr bekanntes Lied. Jeder hat es auf der Straße gepfiffen in den siebziger Jahren. Denn es beschrieb mit seiner Stimmung unser Leben in diesem Land. Jeder war selbst der Kanarienvogel, wenn er das sang.

Atemschaukel hat eine ungewöhnliche Entstehungsgeschichte. Ursprünglich wollten du und Oskar Pastior gemeinsam einen Roman über die Deportationen schreiben. Pastior war ebenso wie deine Mutter fünf Jahre lang Zwangsarbeiter in sowjetischen Lagern. Am 4. Oktober 2006 starb Oskar, du hast den Roman alleine geschrieben. *Atemschaukel* basiert auf Gesprächen mit ehemals Deportierten und vor allem auf mündlichen Erinnerungen des Büchnerpreisträgers, die du in mehrere Hefte notiert hattest. Wie bist du mit diesen Heften dann umgegangen? Welche Rolle spielten sie?

Es gab drei Kategorien von Text: Es gab dieses schon Getippte, den dünnen Stapel mit dem immerselben sehr oft Getippten. Das waren die kurzen, prägnanten Stücke. Der kurze *Hungerengel* aus dem Buch. Den habe ich nur um kleine Einfügungen verändert, die sich ergeben hatten im Text. Die mußten noch hinzukommen, weil der Text das bis dahin Geschehene zusammenfaßt, er ist das erste, vorläufige Fazit des Protagonisten – ein Kern. Ich habe auch andere Stellen nicht angetastet, weil ich wirklich Oskar Pastior drin haben wollte. Alles Nötige habe ich um den Kern drum herum gebaut. Und dann gab es Texte, die waren nur einmal oder zweimal getippt, da habe ich immer wieder ein bißchen was dran gemacht. Und dann gab es die rohen Notizen, das war wie eine Art Brachland, wo alles noch da war, in diesem erzählten, stockenden, im Erinnern suchenden Mitteilungston. Das waren schiere Informationen, aber da war auch schon viel drin. Oskar Pastior – sonst wären wir ja gar nicht auf den Gedanken gekommen, das Buch zusammen zu schreiben –, Oskar Pastior hat im Erzählen so viele Details, auch poetische Bilder gehabt, Metaphern des Augenblicks. *Herzschaufel* ist ja nur der Fachname einer Schaufel mit herzförmigem Schaufelblatt. Da liefert die technische Sprache Poesie. Aber »Haut-und-Knochen-Zeit« war ein Lagerwort von Oskar Pastior, weil sie alle nur Haut und Knochen waren. »Haut und Knochen« klingt gewöhnlich, das sagen wir alle. Nur mit dem Wort »Zeit« wird das Klischee aufgerissen, es entsteht ein offenes, neues Wort. Ich habe versucht, soviel wie möglich mitzunehmen in den Text. Auch Beschreibungen von Materialien, Sand, Kohle, Schlackeblocksteine, Zement und Kalk. Die Arbeitsvorgänge, das Schaufeln, das Steinepressen als Vorgang – das steckte Oskar Pastior noch im Körper. Er hat mir das Schaufeln auf dem Teppich vorgeführt, als wäre er vor dem Kohlehaufen im Lager. Ich habe es in seinen einzelnen Bewegungen notiert, wie mit einer Zeitlupe. Dazu mußte er den ganzen Vorgang immer aufs neue wiederholen, weil es sich nicht stückeln läßt. Schaufeln ist ein Habitus, jede Bewegung ruft die andere hervor. Aber aufschreiben kann man es nur hintereinander, zerstückelt. Wenn ich nicht alles einzeln mitkriegte, hat Oskar Pastior von vorne beginnen müssen, bis er wieder dort angelangt war, wo das Handgelenk, der Zehen- und Fersenrand klar sichtbar wurden. Schaufeln ist eine Kette von Bewegungen, die einzelnen Gesten sind außerhalb der Kette nicht abrufbar. Das Schaufeln ist immer nur das ganze Schaufeln. Im Aufschreiben sucht man dann Vergleiche wie »Fechtstellung«, »Eiskunstlauf« oder »Ballett«. Wir haben dabei viel gelacht. Besonders, wenn Oskar Pastior sagte: »Jetzt bin ich aber müde, heute ist genug geschaufelt.« Lustig war es nicht, es lag all die Jahre scheintot im Körper. Bevor er es zeigte, ahnte Oskar Pastior gar nicht, daß er das Schaufeln in seinem ganzen Habitus mit sich herumträgt. Mir fiel es schwer, zuzusehen. Aber das Vorführen machte ihn sogar ein wenig stolz. Diese instinktive Schlauheit im Sparen der Kräfte. Man amüsiert sich ja auch, weil man den Schrecken verpacken muß. Ich mußte, als ich mit den Notizen allein geblieben war, viele Situationen in den Text einbauen. Es mußte eine Art Handlung her, etwas, das die einzelnen Deportierten miteinander verbindet, ein Lageralltag, Beziehungen aus Macht und Ohnmacht. Es gab keine Gelenke zwischen den Teilen, doch die mußten miteinander zu tun kriegen. Ich mußte die Personen, von denen ich manchmal nur einen Satz wußte, sichtbar machen im Erfinden. Also daß die Planton-Kati schwachsinnig war, das wußte ich, aber das war alles. Ich mußte ihr Aussehen, Gespräche mit ihr, das Verhalten der anderen und ihr eigenes erfinden. Ich mußte den Verlauf der quälenden Appelle erfinden, alles, was dort geschehen kann. Auch was dem Kapo und den Internierten passiert. Ich wußte gar nichts über den Kapo, nichts über seine Geliebte, den Friseur, den Arbeitskollegen im Schlackekeller. Die Vertraute von Pastior, Trudi Pelikan, war nie in der Krankenbaracke, die Zehen wurden ihr nie amputiert. Ich habe sie in die Krankenbaracke versetzt, um die Krankheiten und das Sterben zu beschreiben. Ich hatte mir nur notiert, daß in der Kantine getanzt werden durfte. Die »plissiert getanzte Paloma« hatte Oskar Pastior scherzhaft gesagt. Aber nie, was es bedeutet. Zum Nachfragen hätte sich die Gelegenheit erst ergeben, wenn wir mit den Notizen zu Ende gekommen wären. Aber wir waren mittendrin, ich hatte in meinem letzten Notizbuch einige Seiten von Fragen, die ich irgendwann stellen wollte. Daraus wurde nichts, nach dem plötzlichen Tod. Ich mußte einen Kantinentanz erfinden, und dann den Hoftanz im Sommer. Oder den Vorgang des Bettelns, die Beschreibung der Steppe, daß gerade die Weite der Landschaft den Käfig suggeriert, die Fluchtgedanken provoziert und verbietet. Wie ist das, wenn man da rausfährt in die Steppe – ich war Gott sei Dank mit Oskar Pastior da und habe diese Landschaft gesehen, die Pflanzen und das Gelände, wo das Lager früher mal war, die Fabrik, die es als aufgelassene Industrie-Schrottanlage noch gab. Und das war ein Glück. Wenn das noch eine funktionierende Fabrik gewesen wäre, hätten wir die nicht besichtigen dürfen. Da war noch das Skelett vom großen Kühlturm, da waren die Koksbatterien, die Tür, durch die Oskar Pastior in den Schlackekeller ging – der Keller selbst war leider nicht offen. Da lag der Zeppelin, das monströse Rohr, das als Bordell funktionierte. Aus alldem zusammen hatte ich so eine Vorstellung vom Lager. Eine Vertrautheit, die mir das Erfinden ermöglicht hat. Auch durch die Anlehnung an Oskar Pastior, der mit mir dort herumgelaufen war. Er hatte mich in »sein Lager« hineingezogen. Das war so, als wäre ich ein bißchen im Lager gewesen. Er hat mir alles gezeigt und blieb so mittendrin, in allem, was er mir bereits erzählt hatte und was ihm nachher noch einfiel. Man sieht ja nur das, was man weiß. Ich habe mich nach seinem Tod immer an ihm entlanggeschrieben. Und um so mehr, nachdem er tot war. Ich wollte ihn auch nicht hergeben. Ich habe durch seine Gegenwart in meinem Kopf alles imaginiert, was gewesen sein könnte. Er hat es mir nicht mehr erzählen können, aber er hat es trotzdem in mir ausgelöst. Ich habe auch in diesen Tod hinein geschrieben. Es war auch eine Art, dem entgegenzuhalten: Wir sind trotzdem noch am Arbeiten. Ich habe auch ganz lange gebraucht, bis ich entschieden hatte für mich, daß ich jetzt »ich« sagen muß und daß ich dieses »Wir« verabschiede, und daß ich jetzt schon so vieles erfunden habe, hinter seinem Tod. Ich kann ja nicht sagen, ich bin auch Oskar Pastior. Das mußte ich auf meine Kappe nehmen und verantworten. Für diese Trennung vom gewohnten »Wir« hab ich eine lange Zeit gebraucht. Und wenn ich im Erfinden nicht mehr weiterwußte, habe ich in seine Gedichtbände geschaut, und dann sprangen mir Worte zu. Ich habe gar nicht lange gesucht, zufällig einen Gedichtband aufgeschlagen, und da war es. Immer wieder sprang so ein Wort heraus. Ich brauchte ein Adjektiv, und in irgendeinem Gedicht stand es schwarz auf weiß. »Na, bitte, da haben wir's doch«, hab ich mir dann gesagt. Oder in den schönen filigranen Zeichnungen von Oskar Pastior saßen Formen und Wörter für den Lagertext. Dabei hab ich immer den

Eindruck gehabt, er schreibt jetzt ja doch noch mit. Und bevor ich eins seiner Bücher aufschlug, habe ich zu mir selbst gesagt: »Oskar, jetzt sag mal was.« Und er sagte was. Wenn ich es darauf anlegte, mußte er mir helfen.

Glaubst du an so etwas wie die magischen Qualitäten der Worte?

Ob es Qualitäten sind, weiß ich gar nicht. Irgendwas haben sie schon. Sonst würden sie einen ja in Ruhe lassen. Und man würde sie in Ruhe lassen. Ob es Qualitäten sind, da bin ich mir nicht so sicher. Aber ich glaube, Wörter können alles. Die können schikanieren und die können schonen und die können einen besetzen und die können einen leerräumen. So was haben die Wörter schon. Potentiell haben und können sie alles. Sie sind latent zu allem fähig. Wir entscheiden, im Zwang oder in freier Wahl – je nachdem, wie das Leben oder Schreiben läuft, was wir mit ihnen tun. Das Mißlingen ist uns genauso verfügbar wie das Gelingen. Aber das Singen vom Kanarienvogel ist zum Beispiel ein Gelingen von Wörtern. Wir spüren das Magische körperlich beim Singen. Auch im

Entsetzen, wenn uns jemand tief verletzt, merken wir uns den Wortlaut für immer. Da ist das Magische genauso stark, wenn auch mit umgekehrter Absicht und Wirkung.

Deine Gedichte arbeiten oft mit dem Prinzip Collage; sie sind eine *bricolage*, ein beziehungsreiches, neues Arrangement von ausgeschnittenen, aus Zeitungen und Zeitschriften ausgeschnittenen Wörtern und Silben. Eine operative Methode gewissermaßen, dem Ausschneide- und Klebeverfahren anonymer Drohbriefe nicht unähnlich. Findet in deiner Prosa eine Transaktion dieses Collage-Verfahrens statt? Ein Formprinzip deiner Erzählungen und Romane ist ja ihre Gliederung in kleine Parzellen, sprich kurze und kürzeste Abschnitte, die oft einen ganz kleinen Dreh haben. Das hat sich von *Der Mensch ist ein großer Fasan auf der Welt* bis zu *Atemschaukel* durchgehalten. Zwischen Lyrik und Prosa ist so viel Unterschied nicht?

Nein, also für mich nicht. Und das hat auch nicht mit dem Schreibstil zu tun. Ich benutze oft Metaphern und Bilder, doch es gibt ganz andere, karg minimalistische Schreibstile, wo das Metaphorische gar nicht nötig ist. Dort entsteht dieselbe Poesie, ein lyrischer Hauch aus dem Trockenen sozusagen. Es gibt in beiderlei Schreibstilen für mich keinen Unterschied im poetischen Effekt. Der entsteht im Satz beim Lesen, oder nicht. Na ja, wenn man eine Prosa schreibt, muß man auch erzählen, man hat eine Konstellation von Personen und Handlungen und muß ja irgendwo hingelangen. Aber oft gelangt das Erzählte erst durch den lyrischen Dreh irgendwohin. Das ist keine Zierde des Geschehens, sondern sein Taktgeber. Die kleinen Parzellen und die Zwischentitel halten das Fortlaufen nicht auf, sondern sie schieben es an. Sie führen es so zu sich selbst, daß es die Kraft hat, das nächste zu fordern. Die Kleinteilung des Ganzen ergibt den Bogen der Spannung, die Neugierde und Überraschung, sogar Überrumpelung, in die der Text mich verwickeln muß, damit die Insistenz im Suchen nicht schlapp wird, es muß diese Abwechslung durch Kurzeinschübe geben, das kurze Abweichen, um präziser, aus einem neu gebauten Blickwinkel wieder zurückzukehren. Es muß das knarztrockene Lineare geben, das geduldige Beschreiben – und dann »bumm«, dann der Schnitt rein, der unerwartete Absprung. Das verlangt sich so. Das eine muß das andere halten und aushalten. Und auch bedienen. Und in den Collagen, dort kann ich den lyrischen Dreh nicht lange linear vorbereiten, dafür ist die weiße Karteikarte zu klein, da paßt ja nur ein kurzer Text drauf. Da brauche ich dann noch einen Platz oben oder unten, oder seitlich für das Bild, das drauf muß. Aber ich muß auch da in Kürzestform immer etwas erzählen. Da kann ich reimen, unauffällig, damit sich die Sätze diskret binden, es muß unauffällig sein, als hätte es sich so ergeben. Der Rhythmus der Sätze muß da sein. Man muß es laut lesen können, ohne mit der Zunge zu stolpern. Und ich muß das Bild der Sätze im Kopf gesehen haben, um sie auf ihre Plausibilität zu prüfen. Das ist mit den Collagen genauso wie in der Prosa. Wenn es sich gut anhört und gut anschauen läßt, dann kann es so bleiben. Aber das dauert ewig, bis das so ist. Ich muß so lange und ungeschickt an den Sätzen arbeiten, bis man darin keinerlei Arbeit vermutet.

Eine letzte abschließende Frage. In deinen Essays erfährt man ja auch etwas über deinen »poetologischen Ethos« , deinen Furor. In *In jeder Sprache sitzen andere Augen* schreibst du: »Das Kriterium der Qualität eines Textes ist für mich immer dieses eine gewesen: kommt es zum stummen Irrlauf im Kopf oder nicht.« Was ist dieser stumme Irrlauf?

Daß ich mich vielleicht geniere – da geht es ja jetzt um Bücher von anderen Autoren –, daß ich mich geniere, über einen Satz oder über einen Text oder ein Gedicht, über eine Zeile zu reden, weil ich es nicht schaffe. Weil dort etwas drin ist, was ich in meinem Wortlaut nicht sagen kann, und was ich anders denke als in Wörtern. Das ist für mich das Größte, was ein Text auslösen kann. Daß dieser Irrlauf entsteht, dem man mit Wörtern nicht beikommen kann. Egal, was ich darüber sage, ziehe ich es herunter. Man kann ja nicht alles in Wörtern sagen. Man denkt ja auch anders als nur in Wörtern. Und man fühlt ja sowieso nicht in Wörtern. Das meine ich damit. Ich weiß nicht, ob ich das jetzt damit erklärt habe. Der »Irrlauf im Kopf«, das ist das, was einen so verblüfft, als würde man es vor Bewunderung nicht mehr aushalten.

Liebe Herta, ganz herzlichen Dank für das Gespräch.